나는 그리스도와 함께 십자가에 못 박혔습니다
이제 살고 있는 것은 내가 아닙니다
그리스도께서 내 안에서 살고 계십니다

내가 지금 육신 안에서 살고 있는 삶은
나를 사랑하셔서 나를 위하여 자기 몸을 내어주신
하나님의 아들을 믿는 믿음 안에서 살아가는 것입니다

갈라디아서 2:20, 새번역

이번 고난주간을 '은혜 받을 만한 때요 구원의 날'로 붙들고 우리 삶에 거룩을 더 깊이 더 철저히 훈련하며 '항상' 십자가의 죽음과 부활의 생명으로 살아가시길 기도드립니다.

KB205847

차례

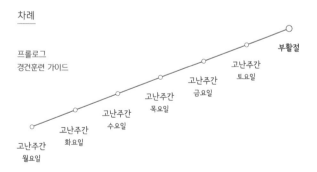

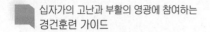
Section 1 「그리스도를 본받아」와 함께하는 경건훈련

지난 600년간 성경 다음으로 가장 많이 읽히는 기독교고전 「그리스도를 본받아」의 영적 저력을 가진 메시지들을 깊이 묵상하면서 거룩한 삶을 실제적으로 훈련합니다.

❶ 찬양으로 마음문을 엽니다.

QR코드 : 찬송가 음원 제공(YouTube @BeecompanyCCM, 비컴퍼니)

❷ 기도로 주님 앞에 나아갑니다.

❸ 「그리스도를 본받아」 본문을 깊이 묵상하며 읽습니다.

❹ 특별히 감동을 주신 문장에 밑줄을 긋고 묵상내용을 기록합니다.

❺ 세 가지 질문을 통하여 먼저 회개, 결단, 감사의 고백을 드립니다. 생각에 머무는 묵상을 넘어 성령님께 구체적으로 묻고 들으면서 '행함'(순종)으로까지 나아갑니다.

Section 2 십자가 앞으로 나아가는 고난주간 성경필사 & 기도

고난주간의 주요 말씀을 묵상하면서 십자가의 사랑과 은혜를 깊이 새깁니다.

❶ 성경말씀을 정성껏 필사하며 그리스도를 바라봅니다.

❷ 「그리스도를 본받아」와 고난주간 말씀을 품은 기도문을 따라하며 진실하게 고백합니다. 성령님의 인도하심을 따라 나만의 기도로 이어가시면 좋습니다.

Section 3 그리스도와 함께 죽고 함께 사는 경건훈련

육체와 함께 그 정욕과 탐심을 십자가에 못 받으며(갈 5:24) 자기를 부인하고 날마다 자기 십자가를 지고 주를 따르는 거룩한 삶(마 16:24), 내가 사는 것이 아니요 오직 내 안에 그리스도께서 사시는 삶(갈 2:20)을 훈련합니다.

❶ 88개의 목록을 통해 나의 약함과 죄를 고백하고 돌이켜 주께로 나아갑니다.

다음 ❷~❻ 항목은 숫자 1-5중 해당하는 번호에 체크합니다.
(1:전혀 안했다 2:조금 했다 3:했다 4:잘했다 5:매우 잘했다)

❷ 고난주간에 절제하고 금해야 할 것을 정한 후, 매일 점검합니다.
예) 음식, 게임, 쇼핑, 미디어, SNS, 스마트폰 등
내가 정한 삶의 금식은 _____ 입니다.

❸ 생명의 근원이 되는(잠 4:23) 마음과 생각을 지켰는지 점검합니다.

❹ 불의한 말과 행동을 금하였는지 점검합니다.

❺ 성전인 몸을 거룩하게 지키고 단련했는지 점검합니다.
예) 성결한 생활하기, 규칙적인 시간에 잠자기, 탐식하지 않기, 운동 등
성전인 몸을 위해 _____ 하겠습니다.

❻ '지극히 작은 자'(마 25:31-46)를 귀히 여기고 섬겼는지 점검합니다.
예) 약자를 보살피고 돕기, 환우를 위해 기도하기, 구제헌금이나 후원하기 등

❼ 정한 말씀읽기를 마쳤는지 점검하고 기록합니다.
읽을 성경본문이 고민되신다면 하나님의 백성은 어떻게 살아야 하는가에 대한 예수님의 가르침인 마태복음 5-7장(산상수훈)을 권합니다.
매일 읽을 성경 장수는 _____ 입니다.

❽ 정한 기도시간을 지켰는지 점검하고 기록합니다.
매일 드릴 기도 시간은 _____ 입니다.

❾ 오늘 '나와 가정', '이웃·교회·나라·열방'을 위한 기도제목을 기록합니다.

찬양 새찬송가 305장 나 같은 죄인 살리신
기도 오늘의 은혜를 사모하며 성령님의 도우심을 구합니다.

그리스도를 본받아 본문읽기

십자가, 나는 아무 공로 없습니다

나의 사랑하는 주님, 제가 무엇이기에 저를 찾아와 주시고 이 더러운 죄인을 위하여 자신을 내어주셨나요? 어찌 이 죄인 앞에서 자신을 낮추시고 죽기까지 복종하셨나요? 제 안에 선한 것이 없다는 것을 아시면서 어찌 이 모든 일을 사랑으로 행하셨나요? 십자가 앞에서 제 무가치함을 인정하며 주님의 선하심을 노래합니다. 주님의 인자하심과 영원하신 사랑을 찬양하며 감사드립니다. 제 공로는 아무것도 없습니다. 오직 주의 은혜입니다. 이제 저는 주의 선하심과 크신 사랑을 깊이 새기며 그 겸손하신 모습을 따르리라 결단합니다. 주님께 기쁨이 되고 주님으로 인하여 기뻐하길 갈망합니다. 부디 제 죄가 주께로 나아가는 길을 가로막지 않도록 도와주소서! 지극히 인자하시고 자비로우신 주님, 그 어떠한 경배와 감사, 끝없는 찬양으로도 우리를 위하여 십자가에서 자신의 몸을 내어주신 일을 표현할 길이 없습니다. 주님의 사랑을 어찌 인간의 언어로 표현할 수 있을까요! 제가 그 어떠한 경배를 드리더라도 주의 은혜에 미치지 못할 것을 알지만, 그럼에도 여전히 주님을 찬양하며 주의 영원하심을 송축하길 원합니다! 나의 구세주를 맞이하길 원합니다.

_____
_____
_____
_____
_____

성령님, 오늘 본문을 통하여 제가 회개하고 결단하며 감사할 부분은 무엇인가요?

회개:

결단:

감사:

성령님, 자격 없는 저를 구원해주신 예수님의 십자가 은혜를 깊이 묵상하길 원합니다. 오늘 어떤 찬양과 성경말씀을 종일 읊조리며 그 사랑을 기억할까요? 펜을 들어 나의 언어로 예수님을 찬양하는 문장을 적게 해주세요.

_____
_____
_____

성령님, 주님보다 제 자신을 앞세워 제 공적을 드러내거나 자랑한 일은 무엇인가요? 비천한 저를 구원해주신 은혜를 망각하고 높아진 마음은 무엇이고, 제가 겸손히 내려가야 할 곳은 어디인가요?

_____
_____
_____

막 11:15-17 예수께서 성전
에 들어가사 성전 안에서
매매하는 자들을 내쫓으시
며 돈 바꾸는 자들의 상과
비둘기 파는 자들의 의자를
둘러 엎으시며 아무나 물건
을 가지고 성전 안으로 지
나다님을 허락하지 아니하
시고 이에 가르쳐 이르시
되 기록된 바 내 집은 만민
이 기도하는 집이라 칭함을
받으리라고 하지 아니하였
느냐 너희는 강도의 소굴을
만들었도다 하시매

기도 주님 앞에 나아가 겸손히 고백합니다.

사랑하는 예수님,

나의 구주 예수님을 사랑합니다. 죄인인 저를 대신하여 십자가에 달려 돌아가
신 주님을 온 맘 다해 사랑합니다. 저를 구원하시려고 제 모든 죄를 담당하신
예수님, 오직 주님의 은혜로 자격 없는 이 죄인을 의롭다 여겨 주셔서 감사합니
다. 주님의 은혜를 찬양하기에도 부족한데, 제 공적을 치장하며 살아왔음을 통
회합니다. 이 시간 십자가에 달리신 예수님을 다시 바라보며 철저히 제 마음을
낮춥니다. 성령님, 예수님을 따라 제 자신을 부인하며 십자가의 길을 걷도록 도
와주세요. 잎사귀만 무성한 열매 없는 무화과나무와 같고, 겉은 화려한데 속은
부패한 성전과 같은 저를 긍휼히 여겨 주세요. 철을 따라 합당한 열매를 맺도록
일그러진 제 정체성을 회복시켜 주세요. 예수님의 보혈로 깨끗하게 씻어 주시
고, 성령이 거하시는 성전의 본질을 회복시켜 주세요. 십자가의 완전하신 사랑
만이 온 땅에 충만하길 원하며 지극히 높으신 예수님의 이름으로 기도합니다.
아멘.

오늘 하루를 돌아보며 나의 약함과 죄를 십자가에 못 박습니다.
다음 목록을 보면서 체크하세요.

☐ 염려	☐ 우월감	☐ 헐뜯음	☐ 선한 것을 좋아	☐ 음란한 행동
☐ 두려움	☐ 열등감	☐ 비판	하지 아니함	☐ 간음,호색
☐ 미움	☐ 피해의식	☐ 참소	☐ 절제하지 아니함	☐ 방탕
☐ 원통함을 풀지	☐ 자기연민	☐ 정죄	☐ 과소비	☐ 술취함
아니함	☐ 외로움	☐ 희롱	☐ 돈을 사랑	☐ 중독
☐ 마음의 상처	☐ 이기심	☐ 모함	☐ 과시함	☐ 집착
☐ 의심	☐ 고집	☐ 불평,불만	☐ 무시	☐ 싸움
☐ 분노	☐ 개인주의	☐ 원망	☐ 어리석음,우매함	☐ 불법
☐ 음란한 생각	☐ 자기 의	☐ 변명	☐ 조급함	☐ 도적질
☐ 불의	☐ 자기사랑	☐ 어리석은 변론	☐ 게으름,나태함	☐ 살인
☐ 담욕	☐ 쾌락을 사랑	☐ 악을 꾸밈	☐ 회피	☐ 부모 거역
☐ 악의	☐ 거짓말	☐ 악을 도모	☐ 무정함	☐ 하나님을 모독
☐ 악독	☐ 거짓증거	☐ 분쟁	☐ 무자비함	☐ 불신
☐ 적개심	☐ 거짓맹세	☐ 당을 지음	☐ 사나움	☐ 불순종
☐ 교만,자고	☐ 사기	☐ 겉으로만 경건함,	☐ 훼방	☐ 우상숭배
☐ 투기,질투	☐ 자랑	외식	☐ 신의가 없음	☐ 기타
☐ 시기	☐ 수군수군함	☐ 무례함	☐ 건방짐	
☐ 허영	☐ 비방	☐ 거룩하지 아니함	☐ 배반	
☐ 망상	☐ 능욕,욕설	☐ 감사하지 아니함	☐ 앙갚음	

정한 삶의 금식을 행하였나요?
① ② ③ ④ ⑤

생명의 근원이 되는 마음과 생각을 지켰나요?
① ② ③ ④ ⑤

불의한 말과 행동을 금하였나요?
① ② ③ ④ ⑤

성전인 몸을 거룩하게 지키고 단련했나요?
① ② ③ ④ ⑤

'지극히 작은 자'를 귀히 여기고 섬겼나요?
① ② ③ ④ ⑤

오늘 성경말씀을 얼마나 읽었나요?
☐ _____ 장

오늘 기도시간을 얼마나 가졌나요?
☐ _____ 분

나와 가정을 위한 기도제목

이웃·교회·나라·열방을 위한 기도제목

찬양 새찬송가 149장 주 달려 죽은 십자가
기도 오늘의 은혜를 사모하며 성령님의 도우심을 구합니다.

그리스도를 본받아 본문읽기

십자가 앞에서 진실하라

나의 사랑하는 자야, 너를 비탄에 빠지게 하는 죄, 일상에서 매일 짓는 죄에 대하여 통곡하라. 시시로 십자가 앞으로 나아와 네가 정욕에 이끌려 지은 모든 은밀한 죄를 자백하라. 그러나 너는 여전히 세속적이고 본능대로 행동하며 성급하구나. 절제하지 못하고 욕망에 차 있으며 감정대로 행동하고 헛된 공상을 하는구나. 겉사람에 집착하면서 속사람에 대해서는 무관심하구나. 쉽게 방탕에 빠지고 참회와 눈물을 멀리하는구나. 절제와 금욕에는 관심이 없고 안락과 쾌락만을 탐하는구나. 자극적인 소식과 화려한 것을 구하나 십자가의 수치는 피하는구나. 소유하길 원하나 나눔에는 인색하구나. 함부로 말하고 침묵을 싫어하며 인격을 다듬지 않고 경솔히 행동하는구나. 음식을 탐하고 진리의 말씀에 귀를 막으며 허망한 대화를 좋아하는구나. 노를 쉽게 발하고 다른 사람들의 결점을 찾아내길 좋아하는구나. 쉽게 판단하고 거칠게 정죄하며 만사가 잘되어야만 기뻐하고 일이 뜻대로 안되면 무기력해지는구나. 내 이름으로 결단한 선한 일을 생각만 하고 행동으로 옮기지 않는구나. 나의 사랑하는 자야, 이 모든 것을 행하는 네 자신에 대하여 슬퍼하고 애곡하라. 십자가 앞에서 진실하라, 회개하라! 네 자신에게 절망하라. 그제야 비로소 네 삶은 단단해지고 선을 향하여 나아갈 것이다. 내게로 와서 용서와 은총을 구하라. 그리하면 네 죄를 모두 용서하고 더 이상 기억하지 아니할 것이다. 나의 삶을 두고 맹세하노니 나는 악인이 죽는 것을 기뻐하지 아니하고 악인이 그의 길에서 돌이켜 떠나 사는 것을 기뻐하노라(겔 33:11).

성령님, 오늘 본문을 통하여 제가 회개하고 결단하며 감사할 부분은 무엇인가요?

회개:

결단:

감사:

성령님, 강건해질 속사람이 아닌 후패할 겉사람에만 집중하여 마음과 힘을 쏟고 있는 부분은 무엇인가요? 십자가 앞에서 세속적인 제 자신을 위하여 가슴을 치며 회개하게 해주세요.

성령님, 죄를 자백하면 용서해주실 뿐 아니라 동이 서에게 먼 것같이 멀리 옮기실 텐데 제가 홀로 죄에 묶여 자책하며 스스로를 괴롭히고 있는 죄악은 무엇인가요? 십자가에 못 박아야 할 육체의 정욕과 탐심은 무엇인가요?

막 14:3-4,8-9 예수께서 베다니 나병환자 시몬의 집에서 식사하실 때에 한 여자가 매우 값진 향유 곧 순전한 나드 한 옥합을 가지고 와서 그 옥합을 깨뜨려 예수의 머리에 부으니 어떤 사람들이 화를 내어 서로 말하되 어찌하여 이 향유를 허비하는가, 그는 힘을 다하여 내 몸에 향유를 부어 내 장례를 미리 준비하였느니라 내가 진실로 너희에게 이르노니 온 천하에 어디서든지 복음이 전파되는 곳에는 이 여자가 행한 일도 말하여 그를 기억하리라 하시니라

기도 주님 앞에 나아가 겸손히 고백합니다.

참되신 예수님,

참되시고 진실하신 예수 그리스도를 찬양합니다. 주님 앞에 나아가면 흰 눈보다 더 깨끗케 하시는 죄 사함의 은혜가 얼마나 감사한지요! 죄악에서 돌이키면 살 길을 열어 주시는 예수님만이 길이요 진리요 생명이심을 고백합니다. 우리를 죄에서 구원하시고 자유케 하시는 주님, 제 죄가 얼마나 진홍같이 붉은지, 얼마나 차고 넘치는 태산 같은지 애통한 마음으로 십자가 아래 무릎을 꿇습니다. 저는 왜 그리도 보이는 현상을 쫓으며 육체가 원하는 대로 살아가는지요! 성령이 아닌 제 자아를 따라 행한 것과 말씀이 아닌 제 뜻대로 산 것을 눈물로 탄식합니다. 하나님의 사람이 아닌 세상적 사람으로 산 것을 진정으로 회개합니다. 주님, 주님 앞에 부끄럽고 죄 많은 저를 용서해주세요. 이 시간 향유옥합인 제 자신을 깨뜨리며 주님을 사랑하는 만큼 죄 사함을 받는 자리로 나아갑니다. 다시 예수님의 의의 옷으로 단장되어 그리스도의 신부로 서게 해주세요. 예수님의 피로 날마다 거룩하게 구별되어 하나님을 기쁘시게 하는 삶을 살아가게 해주세요. 거룩하신 사랑의 주, 예수님의 이름으로 기도합니다. 아멘.

오늘 하루를 돌아보며 나의 약함과 죄를 십자가에 못 박습니다.
다음 목록을 보면서 체크하세요.

☐ 염려	☐ 우월감	☐ 헐뜯음	☐ 선한 것을 좋아	☐ 음란한 행동
☐ 두려움	☐ 열등감	☐ 비판	하지 아니함	☐ 간음,호색
☐ 미움	☐ 피해의식	☐ 참소	☐ 절제하지 아니함	☐ 방탕
☐ 원통함을 풀지	☐ 자기연민	☐ 정죄	☐ 과소비	☐ 술취함
아니함	☐ 외로움	☐ 희롱	☐ 돈을 사랑	☐ 중독
☐ 마음의 상처	☐ 이기심	☐ 모함	☐ 과시함	☐ 집착
☐ 의심	☐ 고집	☐ 불평,불만	☐ 무시	☐ 싸움
☐ 분노	☐ 개인주의	☐ 원망	☐ 어리석음,우매함	☐ 불법
☐ 음란한 생각	☐ 자기 의	☐ 변명	☐ 조급함	☐ 도적질
☐ 불의	☐ 자기사랑	☐ 어리석은 변론	☐ 게으름,나태함	☐ 살인
☐ 탐욕	☐ 쾌락을 사랑	☐ 악을 꾸밈	☐ 회피	☐ 부모 거역
☐ 악의	☐ 거짓말	☐ 악을 도모	☐ 무정함	☐ 하나님을 모독
☐ 악독	☐ 거짓증거	☐ 분쟁	☐ 무자비함	☐ 불신
☐ 적개심	☐ 거짓맹세	☐ 당을 지음	☐ 사나움	☐ 불순종
☐ 교만,자고	☐ 사기	☐ 겉으로만 경건함,	☐ 훼방	☐ 우상숭배
☐ 투기,질투	☐ 자랑	외식	☐ 신의가 없음	☐ 기타
☐ 시기	☐ 수군수군함	☐ 무례함	☐ 건방짐	
☐ 허영	☐ 비방	☐ 거룩하지 아니함	☐ 배반	_____
☐ 망상	☐ 능욕,욕설	☐ 감사하지 아니함	☐ 앙갚음	_____

정한 삶의 금식을 행하였나요?
① ② ③ ④ ⑤

생명의 근원이 되는 마음과 생각을 지켰나요?
① ② ③ ④ ⑤

불의한 말과 행동을 금하였나요?
① ② ③ ④ ⑤

성전인 몸을 거룩하게 지키고 단련했나요?
① ② ③ ④ ⑤

'지극히 작은 자'를 귀히 여기고 섬겼나요?
① ② ③ ④ ⑤

오늘 성경말씀을 얼마나 읽었나요?
☐ _____ 장

오늘 기도시간을 얼마나 가졌나요?
☐ _____ 분

나와 가정을 위한 기도제목
_____
_____
_____

이웃·교회·나라·열방을 위한 기도제목
_____
_____
_____

찬양 새찬송가 254장 내 주의 보혈은
기도 오늘의 은혜를 사모하며 성령님의 도우심을 구합니다.

그리스도를 본받아 본문읽기

주여, 나를 용서하소서

나의 사랑하는 주님, 제가 엎드려 죄를 참회하며 주의 자비를 끊임없이 구하는 것 외에 무엇을 더 할 수 있겠습니까? 제 죄에 대하여 스스로 분노하며 죄를 미워하겠노라 다짐합니다. 살아 있는 동안, 제가 지은 모든 죄에 대하여 슬퍼하고 또 슬퍼하겠습니다. 주여, 나를 용서하소서! 주의 거룩한 이름을 위하여 나를 용서하여 주소서. 주의 보혈로 속량하신 이 불쌍한 영혼을 구원하여 주소서. 주의 영원하신 사랑에 제 영혼을 의탁하오니 제 모든 죄와 불법으로 저를 대하지 마시고 주의 선하심으로 대하여 주소서. 제 모든 것을 주께 드리오니 부디 받아주시고 순결하고 거룩하게 변화시켜 주소서. 주님의 기쁨이 되게 하여 주시고, 주의 기준에 합당한 자로 온전하게 하여 주소서. 이 게으르고 쓸모없는 자를 선대하사 축복의 자리로 인도하여 주소서. 나의 사랑하는 주님, 의도적으로든 그렇지 않든 제게 상처를 준 사람, 저를 슬프게 하고 비방한 사람, 손해를 입히고 고통을 준 사람, 그리고 반대로 제가 말이나 행동으로 불안하게 만든 사람, 상처와 고통을 준 사람을 위하여 기도하며 주 앞에 속죄의 제물을 바칩니다. 주여, 저희 모든 죄와 불법을 사하여 주소서. 모든 죄성, 분노, 복수심, 논쟁, 상처 주고 사랑하지 못하게 하는 모든 것으로부터 떠나게 하여 주소서. 주의 자비를 구하는 모든 자에게 은총을 베풀어 주소서. 주의 선하심을 기뻐하고 주의 구원을 받기에 합당한 삶을 살아가게 하소서.

_____

_____

_____

_____

_____

성령님, 오늘 본문을 통하여 제가 회개하고 결단하며 감사할 부분은 무엇인가요?

회개:

결단:

감사:

성령님, 예수님이 십자가에서 흘리신 보혈로 죄 사함을 받고 성결해져야 할 제 불의함과 부정함, 불법과 불신은 무엇인가요?

_____

_____

_____

성령님, 애통한 마음으로 자복하고 회개해야 할 율법 아래에 있는 제 모습은 무엇인가요? 형식적이고 외식적인 모습, 은혜 없는 행위만을 강조한 것은 무엇인가요?

_____

_____

_____

요 13:1-2 유월절 전에 예수께서 자기가 세상을 떠나 아버지께로 돌아가실 때가 이른 줄 아시고 세상에 있는 자기 사람들을 사랑하시되 끝까지 사랑하시니라 마귀가 벌써 시몬의 아들 가룟 유다의 마음에 예수를 팔려는 생각을 넣었더라

기도 주님 앞에 나아가 겸손히 고백합니다.

한없이 자비로우신 예수님,

예수님의 기다리심은 어찌 그리 한이 없으신지요! 예수님의 오래 참으심을 참으로 형언할 길 없습니다. 한량없이 인자하고 자비로우신 예수님의 이름을 소리 높여 외칩니다. 하지만 주님, 제 자신을 말씀의 거울로, 예수님의 형상으로 비춰 보니 참으로 악하고 음란합니다. 온갖 불의와 부정, 불신과 불순종, 무정함과 무자비함… 주님 앞에 저는 이루 말할 수 없는 불법자입니다. 이런 제가 돌아오기만을 바라시며 아직도 먼 거리에 있는 저를 찾아오셔서 측은히 여기며 입맞춰 주신 아버지 하나님, 배신하는 가룟 유다와의 만남에서도 마지막 입맞춤을 거절하지 않으시고 끝까지 돌이킬 기회를 주신 예수님, '닭의 울음' 소리로 예수님을 부인한 베드로를 깨우치신 것처럼 오늘도 저를 '성령의 외치심'으로 깨어 있게 해주세요. 예수님께서 자기 사람들을 끝까지 사랑하신 것처럼 저도 끝까지 주님을 사랑하게 해주세요. 길이 참으시는 예수님의 이름으로 기도합니다. 아멘.

오늘 하루를 돌아보며 나의 약함과 죄를 십자가에 못 박습니다.
다음 목록을 보면서 체크하세요.

□ 염려	□ 우월감	□ 헐뜯음	□ 선한 것을 좋아	□ 음란한 행동
□ 두려움	□ 열등감	□ 비판	하지 아니함	□ 간음,호색
□ 미움	□ 피해의식	□ 참소	□ 절제하지 아니함	□ 방탕
□ 원통함을 풀지	□ 자기연민	□ 정죄	□ 과소비	□ 술취함
아니함	□ 외로움	□ 희롱	□ 돈을 사랑	□ 중독
□ 마음의 상처	□ 이기심	□ 모함	□ 과시함	□ 집착
□ 의심	□ 고집	□ 불평,불만	□ 무시	□ 싸움
□ 분노	□ 개인주의	□ 원망	□ 어리석음,우매함	□ 불법
□ 음란한 생각	□ 자기 의	□ 변명	□ 조급함	□ 도적질
□ 불의	□ 자기사랑	□ 어리석은 변론	□ 게으름,나태함	□ 살인
□ 탐욕	□ 쾌락을 사랑	□ 악을 꾸밈	□ 회피	□ 부모 거역
□ 악의	□ 거짓말	□ 악을 도모	□ 무정함	□ 하나님을 모독
□ 악독	□ 거짓증거	□ 분쟁	□ 무자비함	□ 불신
□ 적개심	□ 거짓맹세	□ 당을 지음	□ 사나움	□ 불순종
□ 교만,자고	□ 사기	□ 겉으로만 경건함,	□ 훼방	□ 우상숭배
□ 투기,질투	□ 자랑	외식	□ 신의가 없음	□ 기타
□ 시기	□ 수군수군함	□ 무례함	□ 건방짐	_____
□ 허영	□ 비방	□ 거룩하지 아니함	□ 배반	
□ 망상	□ 능욕,욕설	□ 감사하지 아니함	□ 앙갚음	_____

정한 삶의 금식을 행하였나요?

①　②　③　④　⑤

생명의 근원이 되는 마음과 생각을 지켰나요?

①　②　③　④　⑤

불의한 말과 행동을 금하였나요?

①　②　③　④　⑤

성전인 몸을 거룩하게 지키고 단련했나요?

①　②　③　④　⑤

'지극히 작은 자'를 귀히 여기고 섬겼나요?

①　②　③　④　⑤

오늘 성경말씀을 얼마나 읽었나요?

　□ _____ 장

오늘 기도시간을 얼마나 가졌나요?

　□ _____ 분

나와 가정을 위한 기도제목

_____

_____

_____

_____

이웃·교회·나라·열방을 위한 기도제목

_____

_____

_____

찬양 새찬송가 321장 날 대속하신 예수께
기도 오늘의 은혜를 사모하며 성령님의 도우심을 구합니다.

그리스도를 본받아 본문읽기

거룩한 산 제물로 드리라

나의 사랑하는 자야, 내 손은 못 박혀 십자가 위에 펼쳐져 있었고 내 몸은 발가벗겨져 있었다. 나는 너를 구원하기 위하여 내 자신을 아버지께 온전히 드렸다. 이제 너도 이와 같이 온 힘과 정성을 다하여 네 몸을 거룩한 산 제물로 드리라. 그것이 내가 진정으로 원하며 기뻐하는 것이다. 나는 그것 외에는 아무 관심이 없다. 나는 네가 바치는 제물이 아닌 '너'를 원한다. 네가 모든 것을 소유했을지라도 나 없이는 만족할 수 없듯, 나도 네가 아니면 무엇을 준다 해도 기쁘지 않다. 그러니 먼저 네 자신을 온전히 바치라. 그리하면 네가 드리는 모든 제물을 받을 것이다. 보라, 나는 너를 위하여 나 자신을 온전히 바쳤나니 나는 영원히 네 것이며 너는 영원히 내 것이다! 만약 네가 스스로를 의지하고 네 자유의지를 내게 귀속시키지 않으면, 네가 어떠한 헌신을 하더라도 우리의 연합은 불완전할 것이다. 온전한 자유와 은총을 누리길 원하느냐? 네 모든 행동에 앞서 네 자신을 온전히 바치라. 많은 사람들이 자유하지 못하고 깨닫지 못하는 이유가 바로 여기에 있다. 그들은 아직 자기 자신을 어떻게 포기해야 하는지 모르고, 또한 원치 않는다. 나의 사랑하는 자야, 나를 따르길 원하느냐? 네 자신을 거룩한 산 제물로 드리라!

성령님, 오늘 본문을 통하여 제가 회개하고 결단하며 감사할 부분은 무엇인가요?

회개:

결단:

감사:

성령님, 예수님을 따르기 위해 진심으로 항복해야 할 제 자아와 온전히 포기해야 할 소유는 무엇인가요?

성령님, 왜 저는 거룩하신 주님과 연합하지 못하고 있나요? 자신을 온전히 바쳐 희생하신 예수님과 연합하기 위해 제가 헌신하고 희생해야 할 일은 무엇인가요?

마 26:26-28 그들이 먹을 때에 예수께서 떡을 가지사 축복하시고 떼어 제자들에게 주시며 이르시되 받아서 먹으라 이것은 내 몸이니라 하시고 또 잔을 가지사 감사 기도 하시고 그들에게 주시며 이르시되 너희가 다 이것을 마시라 이것은 죄 사함을 얻게 하려고 많은 사람을 위하여 흘리는 바 나의 피 곧 언약의 피니라

기도 주님 앞에 나아가 겸손히 고백합니다.

온전하신 예수님,

모든 일에 온전하심으로 우리의 본이 되어 주신 예수님을 송축합니다. 십자가에서 죽기까지 순종하시며 아버지 하나님의 뜻을 행하신 예수님, 자신의 목숨을 많은 사람의 대속물로 주시려고 하늘 영광 버리고 우리 곁에 오신 주님께 깊은 감사를 드립니다. 예수님을 닮아가고 싶은데 이 세상과 제 자신에 대한 온전한 포기와 항복이 왜이리 어려운지요! 마지막까지 꼭 한 가지를 놓지 못하고 제 필요를 선택하는 저를 불쌍히 여겨 주세요. 때마다 일마다 우리를 도우시는 성령님, 주께서 십자가에서 내어주신 살과 피를 날마다 받으며 주님과의 새로운 연합을 소망합니다. 제 뜻이 아버지의 뜻에 맞춰지는 삶이 되길 간절히 원합니다. 주님의 손과 발에 제 손과 발을 포개어 주세요. 날마다 십자가에서 죽고, 제 안에 살아계신 그리스도를 따르게 해주세요. 제 지정의까지도 내어드리고, 제 마음, 목숨, 뜻, 힘을 다하여 주를 사랑함으로써 거룩한 산 제물이 되게 해주세요. 믿음의 주요 또 온전하게 하시는 예수님의 이름으로 기도합니다. 아멘.

오늘 하루를 돌아보며 나의 약함과 죄를 십자가에 못 박습니다.
다음 목록을 보면서 체크하세요.

□ 염려	□ 우월감	□ 헐뜯음	□ 선한 것을 좋아	□ 음란한 행동
□ 두려움	□ 열등감	□ 비판	하지 아니함	□ 간음,호색
□ 미움	□ 피해의식	□ 참소	□ 절제하지 아니함	□ 방탕
□ 원통함을 풀지	□ 자기연민	□ 정죄	□ 과소비	□ 술취함
아니함	□ 외로움	□ 희롱	□ 돈을 사랑	□ 중독
□ 마음의 상처	□ 이기심	□ 모함	□ 과시함	□ 집착
□ 의심	□ 고집	□ 불평,불만	□ 무시	□ 싸움
□ 분노	□ 개인주의	□ 원망	□ 어리석음,우매함	□ 불법
□ 음란한 생각	□ 자기 의	□ 변명	□ 조급함	□ 도적질
□ 불의	□ 자기사랑	□ 어리석은 변론	□ 게으름,나태함	□ 살인
□ 탐욕	□ 쾌락을 사랑	□ 악을 꾸밈	□ 회피	□ 부모 거역
□ 악의	□ 거짓말	□ 악을 도모	□ 무정함	□ 하나님을 모독
□ 악독	□ 거짓증거	□ 분쟁	□ 무자비함	□ 불신
□ 적개심	□ 거짓맹세	□ 당을 지음	□ 사나움	□ 불순종
□ 교만,자고	□ 사기	□ 겉으로만 경건함,	□ 훼방	□ 우상숭배
□ 투기,질투	□ 자랑	외식	□ 신의가 없음	□ 기타
□ 시기	□ 수군수군함	□ 무례함	□ 건방짐	_____
□ 허영	□ 비방	□ 거룩하지 아니함	□ 배반	_____
□ 망상	□ 능욕,욕설	□ 감사하지 아니함	□ 앙갚음	

정한 삶의 금식을 행하였나요?

  ①   ②   ③   ④   ⑤

생명의 근원이 되는 마음과 생각을 지켰나요?

  ①   ②   ③   ④   ⑤

불의한 말과 행동을 금하였나요?

  ①   ②   ③   ④   ⑤

성전인 몸을 거룩하게 지키고 단련했나요?

  ①   ②   ③   ④   ⑤

'지극히 작은 자'를 귀히 여기고 섬겼나요?

  ①   ②   ③   ④   ⑤

오늘 성경말씀을 얼마나 읽었나요?

  □ _____ 장

오늘 기도시간을 얼마나 가졌나요?

  □ _____ 분

나와 가정을 위한 기도제목

_____

_____

_____

_____

이웃·교회·나라·열방을 위한 기도제목

_____

_____

_____

_____

찬양 새찬송가 461장 십자가를 질 수 있나
기도 오늘의 은혜를 사모하며 성령님의 도우심을 구합니다.

그리스도를 본받아 본문읽기

십자가를 지고 주를 따르십시오

"저주를 받은 자들아, 나를 떠나 마귀와 그 사자들을 위하여 예비 된 영원한 불에 들어가라"(마 25:41). 이 심판의 말씀이 당신에게는 어떻게 들립니까? 다음 말씀은 어떻습니까? "누구든지 나를 따라오려거든 자기를 부인하고 자기 십자가를 지고 나를 따를 것이니라"(마 16:24). 이 말씀이 당신에게 무겁게 다가오진 않습니까? 자기를 부인하고 자기 십자가를 지고 그리스도를 따르는 사람은 영원한 형벌을 두려워할 필요가 없습니다. 오히려 그에게 새겨진 십자가는 심판 날에 천국의 증표가 될 것입니다. 그런데 왜 당신은 천국으로 가는 길인 십자가를 두려워합니까? 십자가는 구원이며 생명입니다. 모든 원수로부터 우리를 보호해주고 천국을 맛보게 해줍니다. 우리를 담대하게 해줍니다. 십자가 없는 영원한 소망을 가진 삶이란 불가능합니다. 바로 지금 십자가를 취하십시오. 예수 그리스도를 따르십시오. 영원한 생명을 얻을 것입니다. 그리스도는 십자가에 달려 돌아가심으로 영생으로 가는 길을 열어 주셨습니다. 이제 당신도 그리스도를 본받아 당신의 십자가를 지고 십자가에서 죽으십시오. 그리스도와 함께 죽으면 그분과 함께 살 것입니다. 그리스도의 고난에 동참하면 그분과 함께 영광을 누릴 것입니다. 십자가는 모든 것입니다. 당신은 죽기까지 그것을 의지해야 합니다. 십자가의 좁은 길 외에 참된 평화로 가는 길은 없습니다. 만약 당신이 원하는 대로, 뜻하는 대로만 간다면 그 길은 아무리 안전하고 넓어 보여도 영생으로 인도하지 못할 것입니다.

_____

_____

_____

_____

_____

성령님, 오늘 본문을 통하여 제가 회개하고 결단하며 감사할 부분은 무엇인가요?

회개:

결단:

감사:

성령님, 지금까지 외면해왔던 고통스럽지만 기뻐할 수 있는 나의 십자가, 무겁지만 가볍게 짊어질 수 있는 나의 십자가는 무엇인가요? 짊어지면 누군가를 살릴 수 있는 나의 십자가는 무엇인가요?

_____

_____

_____

성령님, 오늘 하루 제가 사는 것이 아닌 오직 제 안에 그리스도께서 사시는 삶을 구체적이고 실제적으로 살아가도록 가르쳐 주세요.

_____

_____

_____

요 19:28-30 그 후에 예수께서 모든 일이 이미 이루어진 줄 아시고 성경을 응하게 하려 하사 이르시되 내가 목마르다 하시니 거기 신 포도주가 가득히 담긴 그릇이 있는지라 사람들이 신 포도주를 적신 해면을 우슬초에 매어 예수의 입에 대니 예수께서 신 포도주를 받으신 후에 이르시되 다 이루었다 하시고 머리를 숙이니 영혼이 떠나가시니라

기도 주님 앞에 나아가 겸손히 고백합니다.

사랑과 공의의 예수님,

우리가 아직 연약할 때에, 우리가 아직 죄인 되었을 때에, 우리가 원수 되었을 때에 십자가에서 우리를 위하여 죽으심으로 우리에 대한 하나님의 사랑을 확증하여 주신 예수님을 찬양합니다. 어느 한 사람도 예외 없이 죄에 대한 하나님의 진노와 영원한 형벌을 피할 수 없으나, 예수 그리스도를 믿기만 하면 구원의 은혜를 베푸시고 영원한 생명을 얻게 하시는 하나님의 공의를 송축합니다. 하나님 아버지, 우리는 얼마나 구원의 은혜와 십자가의 공의를 망각하며 살아가는지요! 구원과 은혜만 구하고 선포되는 심판과 형벌에는 귀를 닫습니다. 좁은 문은 회피하고 쉽고 넓은 길만 원합니다. 예수님은 우리를 살리시려고 고난의 쓴 잔을 마다하지 않으셨는데, 우리는 내 십자가마저 버리고 멸망의 길인지도 모른 채 꽃길만 걷게 해달라고 외칩니다. 은혜로우신 주님, 예수님이 자신의 몸을 쳐 하나님께 복종시키며 성경의 모든 말씀을 친히 이루신 것처럼 날마다 나를 십자가에 못 박고 내 안에 사시는 그리스도를 믿는 믿음 안에서 살도록 도와주세요. 성령을 따라 행함으로 하나님의 말씀이 성취되고 주의 뜻이 이뤄지는 열매 맺는 삶을 살아가게 해주세요. 하나님의 아들 예수 그리스도의 이름으로 기도합니다. 아멘.

오늘 하루를 돌아보며 나의 약함과 죄를 십자가에 못 박습니다.
다음 목록을 보면서 체크하세요.

□ 염려	□ 우월감	□ 헐뜯음	□ 선한 것을 좋아	□ 음란한 행동
□ 두려움	□ 열등감	□ 비판	하지 아니함	□ 간음,호색
□ 미움	□ 피해의식	□ 참소	□ 절제하지 아니함	□ 방탕
□ 원통함을 풀지	□ 자기연민	□ 정죄	□ 과소비	□ 술취함
아니함	□ 외로움	□ 희롱	□ 돈을 사랑	□ 중독
□ 마음의 상처	□ 이기심	□ 모함	□ 과시함	□ 집착
□ 의심	□ 고집	□ 불평,불만	□ 무시	□ 싸움
□ 분노	□ 개인주의	□ 원망	□ 어리석음,우매함	□ 불법
□ 음란한 생각	□ 자기 의	□ 변명	□ 조급함	□ 도적질
□ 불의	□ 자기사랑	□ 어리석은 변론	□ 게으름,나태함	□ 살인
□ 탐욕	□ 쾌락을 사랑	□ 악을 꾸밈	□ 회피	□ 부모 거역
□ 악의	□ 거짓말	□ 악을 도모	□ 무정함	□ 하나님을 모독
□ 악독	□ 거짓증거	□ 문생	□ 무자비할	□ 불신
□ 적개심	□ 거짓맹세	□ 당을 지음	□ 사나움	□ 불순종
□ 교만,자고	□ 사기	□ 겉으로만 경건함,	□ 훼방	□ 우상숭배
□ 투기,질투	□ 자랑	외식	□ 신의가 없음	□ 기타
□ 시기	□ 수군수군함	□ 무례함	□ 건방짐	_____
□ 허영	□ 비방	□ 거룩하지 아니함	□ 배반	_____
□ 망상	□ 능욕,욕설	□ 감사하지 아니함	□ 앙갚음	_____

정한 삶의 금식을 행하였나요?

① ② ③ ④ ⑤

생명의 근원이 되는 마음과 생각을 지켰나요?

① ② ③ ④ ⑤

불의한 말과 행동을 금하였나요?

① ② ③ ④ ⑤

성전인 몸을 거룩하게 지키고 단련했나요?

① ② ③ ④ ⑤

'지극히 작은 자'를 귀히 여기고 섬겼나요?

① ② ③ ④ ⑤

오늘 성경말씀을 얼마나 읽었나요?

□ _____ 장

오늘 기도시간을 얼마나 가졌나요?

□ _____ 분

나와 가정을 위한 기도제목

_____

_____

_____

_____

이웃·교회·나라·열방을 위한 기도제목

_____

_____

_____

_____

찬양 새찬송가 150장 갈보리산 위에
기도 오늘의 은혜를 사모하며 성령님의 도우심을 구합니다.

그리스도를 본받아 본문읽기

십자가를 죽기까지 사랑하십시오

"그리스도가 이런 고난을 받고 자기의 영광에 들어가야 할 것이 아니냐"(눅 24:26). 그리스도의 생애는 십자가의 고난과 죽음이었습니다. 그런데도 여전히 당신은 안락과 향락만을 바라겠습니까? 고난을 원하지 않는다면 이는 스스로를 속이는 것입니다. 인간은 고통으로 가득 찬 죽을 수밖에 없는 인생을 살아가기에 어디서든 십자가를 만나기 때문입니다. 영적으로 더 성숙해지길 원하십니까? 그렇다면 더욱 무거운 십자가를 지고 가십시오. 그리스도를 향한 사랑이 깊어질수록 나그네 삶의 고통은 커지겠지만 반드시 소망이 있습니다. 십자가를 따르길 열망할수록 시련과 곤경이 끊이지 않겠지만 반드시 더욱 강해질 것입니다. 십자가의 삶에는 반드시 상급이 있으니 고난 없는 삶을 구하지 말고 십자가를 사랑하는 법을 배우십시오. 당신의 몸을 쳐서 그리스도께 복종시키십시오. 이 땅에서 성공을 기대하는 것은 성도가 걸어가야 할 좁은 길이 아닙니다. 오직 주만 바라보며 나아가십시오. 그리하면 하늘로부터 오는 능력으로 이 세상과 당신 자신을 다스릴 수 있을 것입니다. 믿음과 그리스도의 십자가로 무장되어 더 이상 대적을 두려워하지 않을 것입니다. 그러니 주님을 향한 사랑 외에 다른 모든 것은 십자가에 못 박으십시오. 주님의 사람은 어디에 있든 어디에 숨든 십자가를 피할 수 없습니다. 십자가를 지고 십자가를 사랑하십시오. 이제는 최종 결정을 내려야 할 때입니다. "나는 천국에 가기 위하여 십자가를 지고 고난을 마주하겠습니다!"

_____

_____

_____

_____

_____

성령님, 오늘 본문을 통하여 제가 회개하고 결단하며 감사할 부분은 무엇인가요?

회개:

결단:

감사:

성령님, 십자가의 권능 아래에서 제 자아를 쳐 주께 복종시킬 부분은 무엇인가요?
십자가 권능을 힘입어 십자가를 지고 도전할 새로운 일은 무엇인가요?

_____

_____

_____

성령님, 제 고난이 누군가에게 위로와 힘, 성령 안에서의 교통이 될 수 있다면 오늘
누구에게 제 고난의 삶을 나누어야 할까요?

_____

_____

_____

막 15:38-39, 42-43 이에 성소 휘장이 위로부터 아래까지 찢어져 둘이 되니라 예수를 향하여 섰던 백부장이 그렇게 숨지심을 보고 이르되 이 사람은 진실로 하나님의 아들이었도다 하더라, 이 날은 준비일 곧 안식일 전날이므로 저물었을 때에 아리마대 사람 요셉이 와서 당돌히 빌라도에게 들어가 예수의 시체를 달라 하니 이 사람은 존경 받는 공회원이요 하나님의 나라를 기다리는 자라

기도 주님 앞에 나아가 겸손히 고백합니다.

고난의 종으로 이 땅에 오신 예수님,

유월절 어린양으로 이 땅에 오셔서 세상 죄를 짊어지신 예수님께 모든 존귀와 감사와 영광을 올립니다. 자기를 낮추시고 십자가에 죽기까지 순종하신, 모든 이름 위에 뛰어난 예수 그리스도의 이름을 송축합니다. 모든 고난을 다 받으시고 하늘의 영광을 취하신 예수님, 고난의 가시밭길 너머에 빛난 면류관이 있음을 친히 보여 주셔서 감사합니다. 안락과 영광만 바라고 썩어지고 죽어지는 것은 외면하는 저이지만 주님을 사랑하기에 십자가도 사랑할 수밖에 없음을 믿음으로 고백합니다. 사랑하는 예수님, 주님을 본받아 저도 제 자신의 십자가를 지고 끝까지 견디길 원합니다. 제 삶의 무거운 십자가를 허락하신 아버지 하나님의 뜻이 선하고 온전하시므로 제 십자가를 향한 주님의 뜻을 알고 행하길 소망합니다. 은혜로우신 주님, 저를 긍휼히 여겨 주세요. 도우시는 성령님, 제게 감당할 힘을 공급해주세요. 제가 십자가를 포기하지 않고 날마다 죽는 밀알의 삶을 살게 해주세요. 고난 가운데 있을지라도 제 모든 생각과 결정까지 이끄시는 성령께서 결국은 생명의 길로, 의의 길로 인도하실 줄 믿고 의지합니다. 영광과 존귀의 관을 쓰시고 영원토록 살아계신 예수님의 이름으로 기도합니다. 아멘.

오늘 하루를 돌아보며 나의 약함과 죄를 십자가에 못 박습니다.
다음 목록을 보면서 체크하세요.

☐ 염려	☐ 우월감	☐ 헐뜯음	☐ 선한 것을 좋아	☐ 음란한 행동
☐ 두려움	☐ 열등감	☐ 비판	하지 아니함	☐ 간음,호색
☐ 미움	☐ 피해의식	☐ 참소	☐ 절제하지 아니함	☐ 방탕
☐ 원통함을 풀지	☐ 자기연민	☐ 정죄	☐ 과소비	☐ 술취함
아니함	☐ 외로움	☐ 희롱	☐ 돈을 사랑	☐ 중독
☐ 마음의 상처	☐ 이기심	☐ 모함	☐ 과시함	☐ 집착
☐ 의심	☐ 고집	☐ 불평,불만	☐ 무시	☐ 싸움
☐ 분노	☐ 개인주의	☐ 원망	☐ 어리석음,우매함	☐ 불법
☐ 음란한 생각	☐ 자기 의	☐ 변명	☐ 조급함	☐ 도적질
☐ 불의	☐ 자기사랑	☐ 어리석은 변론	☐ 게으름,나태함	☐ 살인
☐ 탐욕	☐ 쾌락을 사랑	☐ 악을 꾸밈	☐ 회피	☐ 부모 거역
☐ 악의	☐ 거짓말	☐ 악을 도모	☐ 무정함	☐ 하나님을 모독
☐ 악독	☐ 거짓증거	☐ 분쟁	☐ 무자비함	☐ 불신
☐ 적개심	☐ 거짓맹세	☐ 당을 지음	☐ 사나움	☐ 불순종
☐ 교만,자고	☐ 사기	☐ 겉으로만 경건함,	☐ 훼방	☐ 우상숭배
☐ 투기,질투	☐ 자랑	외식	☐ 신의가 없음	☐ 기타
☐ 시기	☐ 수군수군함	☐ 무례함	☐ 건방짐	_____
☐ 허영	☐ 비방	☐ 거룩하지 아니함	☐ 배반	_____
☐ 망상	☐ 능욕,욕설	☐ 감사하지 아니함	☐ 앙갚음	_____

정한 삶의 금식을 행하였나요?

① ② ③ ④ ⑤

생명의 근원이 되는 마음과 생각을 지켰나요?

① ② ③ ④ ⑤

불의한 말과 행동을 금하였나요?

① ② ③ ④ ⑤

성전인 몸을 거룩하게 지키고 단련했나요?

① ② ③ ④ ⑤

'지극히 작은 자'를 귀히 여기고 섬겼나요?

① ② ③ ④ ⑤

오늘 성경말씀을 얼마나 읽었나요?

☐ _____ 장

오늘 기도시간을 얼마나 가졌나요?

☐ _____ 분

나와 가정을 위한 기도제목

_____
_____
_____
_____

이웃·교회·나라·열방을 위한 기도제목

_____
_____
_____
_____

찬양　새찬송가 165장　주님께 영광
기도　오늘의 은혜를 사모하며 성령님의 도우심을 구합니다.

그리스도를 본받아 본문읽기

내 영혼아 찬양하라

나의 구원자, 나의 영광되시는 주님을 내 영혼이 찬양합니다! 주께서 행하신 이 놀라운 일이 땅 끝까지 전해지길 원합니다. 주 앞에 엎드려 간절히 구하오니 제가 이 세상 누구보다 주를 가장 뜨겁게 사랑하게 하소서. 그럴 만한 자격이 없을지라도 맹렬히 불타는 사랑을 가진 단 한 사람처럼 온 맘 다해 주를 사랑하게 하소서. 제 자신을 자원하여 드리오니 저를 받아 주시고 부디 제 자신을 위해서는 아무것도 남겨 두지 마소서. 하늘과 땅에 있는 모든 피조물이 올려 드리는 찬양을 주께 바칩니다. 측량할 수 없는 주의 위대하심을 찬양하는 것은 지극히 마땅한 일입니다. 오직 주님만이 모든 찬양과 영원한 영광을 받으시기에 합당한 분이십니다. 저는 모든 신실한 성도들과 함께 감사와 찬양을 올려 드릴 수 있도록 사랑과 기도하는 마음으로 그들에게 청할 것입니다. 나의 사랑하는 주님, 모든 백성과 나라, 모든 언어가 주를 찬양하게 하소서. 큰 기쁨과 불타오르는 헌신으로 주의 영원하신 사랑과 거룩하신 이름을 노래하게 하소서. 그때에 경건한 모든 성도가 주를 송축하며 굳센 믿음을 가질 것입니다. 주의 인자하심과 자비하심을 경험하고 죄인을 위하여 눈물로 기도할 것입니다. 내 영혼아, 찬양하라, 기뻐하라! 눈물 골짜기를 지날 때에 은총과 위로를 내려주시는 주께 감사하라! 십자가 구속의 역사에 동참하고 그분이 행하신 일을 전파하라! 주의 사랑은 결코 끊어지지 않으며 그분의 자비는 영원하다!

_____

_____

_____

_____

_____

성령님, 오늘 본문을 통하여 제가 회개하고 결단하며 감사할 부분은 무엇인가요?

회개:

결단:

감사:

성령님, 부활하신 예수님을 찬양하며 영원한 생명을 주심에 감사드립니다! 오늘 부활의 기쁜 소식을 함께 나눌 사람은 누구인가요? 영과 육의 죽음을 대면한 사람들이 부활의 주님을 만나 살아나도록 도울 '생명 있는 일'은 무엇인가요?

_____

_____

_____

성령님, 부활하신 후 제자들보다 먼저 갈릴리로 가셔서 그들을 기다리신 예수님을 바라봅니다. 부활하신 예수님을 만나는 곳, 흩어진 양들이 목자이신 예수님과 재회하는 곳, 실패에서 새롭게 세워지는 곳인 제가 가야 할 '갈릴리'는 어디인가요?

_____

_____

_____

눅 24:46-48 이같이 그리스도가 고난을 받고 제삼일에 죽은 자 가운데서 살아날 것과 또 그의 이름으로 죄 사함을 받게 하는 회개가 예루살렘에서 시작하여 모든 족속에게 전파될 것이 기록되었으니 너희는 이 모든 일의 증인이라
행 1:8 오직 성령이 너희에게 임하시면 너희가 권능을 받고 예루살렘과 온 유대와 사마리아와 땅 끝까지 이르러 내 증인이 되리라 하시니라

기도 주님 앞에 나아가 겸손히 고백합니다.

죽음에서 다시 사신 어린양 예수님,
죄에서 우리를 자유케 하시려고 사망 권세 이기시고 부활하신 생명의 주님을 기쁨으로 찬양합니다. 사탄과 지옥의 권세를 이기시고 부활하신 권능의 주님을 소리 높여 찬송합니다. 하늘과 땅의 모든 권세를 가지신 하나님의 아들 예수님, 주의 성도들이 모든 만물과 함께 한마음으로 주님의 위대하심을 경배합니다. 하나님의 구속사를 십자가에서 성취하시고 말씀대로 부활하신 예수님, 약속하신 대로 주께서 다시 오시는 그날에 우리도 부활하여 주를 영접하고 항상 주와 함께 할 줄 믿습니다. 이 부활 소망이 세상을 살아가는 성도들에게 얼마나 큰 힘과 기쁨이 되는지요! 권능의 주님, 부활 소망과 함께 우리의 삶에 실제적으로 역사하시는 부활 권능에 대한 큰 믿음이 있길 간구합니다. 하나님 나라의 성도답게, 예수님의 제자답게 부활 권능을 힘입어 죄와 정욕을, 사탄과 세상을 이기는 승리를 얻게 해주세요. 하나님의 영이신 성령님, 우리에게 명령하시는 주님의 마음을 품고 부활의 기쁜 소식을 나누고 전하길 소망합니다. 저도 빈 무덤의 증인이 되게 해주세요. 세세토록 찬송 받으실 부활의 첫 열매이신 생명의 주, 예수님의 이름으로 기도합니다. 아멘.

오늘 하루를 돌아보며 나의 약함과 죄를 십자가에 못 박습니다.
다음 목록을 보면서 체크하세요.

☐ 염려	☐ 우월감	☐ 헐뜯음	☐ 선한 것을 좋아	☐ 음란한 행동
☐ 두려움	☐ 열등감	☐ 비판	하지 아니함	☐ 간음,호색
☐ 미움	☐ 피해의식	☐ 참소	☐ 절제하지 아니함	☐ 방탕
☐ 원통함을 풀지	☐ 자기연민	☐ 정죄	☐ 과소비	☐ 술취함
아니함	☐ 외로움	☐ 희롱	☐ 돈을 사랑	☐ 중독
☐ 마음의 상처	☐ 이기심	☐ 모함	☐ 과시함	☐ 집착
☐ 의심	☐ 고집	☐ 불평,불만	☐ 무시	☐ 싸움
☐ 분노	☐ 개인주의	☐ 원망	☐ 어리석음,우매함	☐ 불법
☐ 음란한 생각	☐ 자기 의	☐ 변명	☐ 조급함	☐ 도적질
☐ 불의	☐ 자기사랑	☐ 어리석은 변론	☐ 게으름,나태함	☐ 살인
☐ 탐욕	☐ 쾌락을 사랑	☐ 악을 꾸밈	☐ 회피	☐ 부모 거역
☐ 악의	☐ 거짓말	☐ 악을 도모	☐ 무정함	☐ 하나님을 모독
☐ 악독	☐ 거짓증거	☐ 분쟁	☐ 무자비한	☐ 불신
☐ 적개심	☐ 거짓맹세	☐ 당을 지음	☐ 사나움	☐ 불순종
☐ 교만,자고	☐ 사기	☐ 겉으로만 경건함,	☐ 훼방	☐ 우상숭배
☐ 투기,질투	☐ 자랑	외식	☐ 신의가 없음	☐ 기타
☐ 시기	☐ 수군수군함	☐ 무례함	☐ 건방짐	
☐ 허영	☐ 비방	☐ 거룩하지 아니함	☐ 배반	
☐ 망상	☐ 능욕,욕설	☐ 감사하지 아니함	☐ 앙갚음	

정한 삶의 금식을 행하였나요?

① ② ③ ④ ⑤

생명의 근원이 되는 마음과 생각을 지켰나요?

① ② ③ ④ ⑤

불의한 말과 행동을 금하였나요?

① ② ③ ④ ⑤

성전인 몸을 거룩하게 지키고 단련했나요?

① ② ③ ④ ⑤

'지극히 작은 자'를 귀히 여기고 섬겼나요?

① ② ③ ④ ⑤

오늘 성경말씀을 얼마나 읽었나요?

☐ _____ 장

오늘 기도시간을 얼마나 가졌나요?

☐ _____ 분

나와 가정을 위한 기도제목

_____

_____

_____

_____

이웃·교회·나라·열방을 위한 기도제목

_____

_____

_____

_____

토마스 아 켐피스
Thomas à Kempis, 1380-1471

"십자가는 모든 것입니다!"라고 고백하며 일평생 그리스도를 사랑하고 그분의 길을 따른 독일의 수도자 토마스 아 켐피스는 열세 살의 나이에 공동생활형제단(Brethren of the Common Life)에 들어가 청빈·정결·순종 훈련을 시작하였습니다. 스무 살이 되던 해에는 아그니텐베르크의 성 아그네스 수도원에 들어가 92세로 소천할 때까지 필사, 저술, 설교 사역과 수사들을 지도하는 일에 일생을 바쳤습니다.

그의 대표저서 「그리스도를 본받아」는 성경 다음으로 가장 많이 읽히는 기독교 고전으로 마르틴 루터, 존 웨슬리, 존 뉴턴의 회심에 큰 역할을 하였고, 본회퍼는 옥중에서 죽음을 맞이할 때까지 이 책을 손에서 놓지 않았다고 합니다. 이처럼 지난 600년간 수많은 그리스도인들의 삶을 진동시켜 온 그의 메시지는 주님이 다시 오실 그날이 가까워질수록 우리 심령에 더욱 엄중히 울리고 더 깊이 파고들 것입니다.

이 책은 고난주간과 부활절 기간 동안 그리스도의 십자가를 묵상하고, 그분의 고난의 발자취를 따르며 하나님의 백성으로서의 거룩한 삶을 구체적, 실천적, 지속적으로 훈련하도록 구성되어 있습니다. 영적으로 무감각하고 순종은 선택이 되어버린 세대 가운데, 이 책은 좁은 문으로 들어가기를 함께 힘쓰며 독려하는 안내자가 되어줄 것입니다.

엮음 헤이필드

출판을 통하여 '복음의 길'을 개척하고 '좁은 길'을 함께 걸으며 다시 오실 '주의 길'을 예비하는 비홀드의 전문 집필팀입니다. '헤이'(ה,보라)는 비홀드(behold)의 히브리어 이름이며 '필드'(field,눅 10:2)는 주님의 추수 밭을 가리킵니다. 함께 추수할 일꾼들을 구하며 오늘도 밭에 나가 허리를 숙입니다. 집필서로는 「자장자장 성경동화」, 「사순절 40일 경건훈련, 그리스도를 본받아」가 있습니다.

이 책의 주제는 'CROSS'(십자가)로 "CHRIST DIED FOR US(그리스도께서 우리를 위해 죽으셨습니다), ROSE FROM THE DEAD(죽음에서 부활하셨습니다), OPENED THE WAY TO HEAVEN(천국으로 가는 길을 열어 주셨습니다), SAVED US FROM OUR SINS(우리를 죄에서 구원하여 주셨습니다), SPREAD THIS GOSPEL TO ALL!(이 복음을 만민에게 전파하십시오!)"의 약자입니다. 함께, 주님의 다시 오심을 기다리며 복음의 증인으로 살아가길 소망합니다.

객원필자 원의숙

쉬운 큐티수업 「오늘 만나」 저자
bePM(Be Prepared Ministry) 대표

behold Behold, I am coming soon! Rev 22:7,12

고난주간 더 깊은 경건훈련
그리스도를 본받아

초판인쇄 · 2024년 2월 26일
초판발행 · 2024년 3월 4일

지은이 · 토마스 아 켐피스
엮은이 · 헤이필드
북프로듀서 · Mt.Moriah · Olive · Zion

발행처 · 비홀드
등 록 · 2019년 8월 2일 제409-2019-000037호
주 소 · 경기도 김포시 월곶면 용강로57번길 86 B동 2호
전 화 · 070 4116 4550
이메일 · beholdbook@daum.net
인스타그램 · www.instagram.com/beholdbook

©비홀드, 2024
ISBN 979-11-93179-05-5
값 3,500원